# ADRESSBUCH
# BRUNNEN

Das Pocket Size Adressbuch

www.journalsrus.com

# Inhaltsverzeichnis

| Name | Seite | | Name | Seite |
|------|-------|--|------|-------|
|      |       |  |      |       |
|      |       |  |      |       |
|      |       |  |      |       |
|      |       |  |      |       |
|      |       |  |      |       |
|      |       |  |      |       |
|      |       |  |      |       |
|      |       |  |      |       |
|      |       |  |      |       |
|      |       |  |      |       |
|      |       |  |      |       |
|      |       |  |      |       |
|      |       |  |      |       |
|      |       |  |      |       |
|      |       |  |      |       |
|      |       |  |      |       |

| Name | Seite | | Name | Seite |
|------|-------|---|------|-------|
|      |       |   |      |       |
|      |       |   |      |       |
|      |       |   |      |       |
|      |       |   |      |       |
|      |       |   |      |       |
|      |       |   |      |       |
|      |       |   |      |       |
|      |       |   |      |       |
|      |       |   |      |       |
|      |       |   |      |       |
|      |       |   |      |       |
|      |       |   |      |       |
|      |       |   |      |       |
|      |       |   |      |       |
|      |       |   |      |       |
|      |       |   |      |       |

THIS PAGE IS  INTENTIONALLY
LEFT BLANK.

**NAME**..............................................................................................

ADDRESSE....................................................................................

....................................................................................................

MOBIL ............................................................................................

ZUHAUSE#....................................................................................

ARBEIT #......................................................................................

FAX................................................................................................

EMAIL...........................................................................................

---

**NAME**..............................................................................................

ADDRESSE....................................................................................

....................................................................................................

MOBIL ............................................................................................

ZUHAUSE#....................................................................................

ARBEIT #......................................................................................

FAX................................................................................................

EMAIL...........................................................................................

---

**NAME**..............................................................................................

ADDRESSE....................................................................................

....................................................................................................

MOBIL ............................................................................................

ZUHAUSE#....................................................................................

ARBEIT #......................................................................................

FAX................................................................................................

EMAIL...........................................................................................

---

**NOTIZEN:**

**NAME**..........................................................................................

ADDRESSE........................................................................................

.......................................................................................................

MOBIL .............................................................................................

ZUHAUSE#......................................................................................

ARBEIT #.........................................................................................

FAX..................................................................................................

EMAIL.............................................................................................

---

**NAME**..........................................................................................

ADDRESSE........................................................................................

.......................................................................................................

MOBIL .............................................................................................

ZUHAUSE#......................................................................................

ARBEIT #.........................................................................................

FAX..................................................................................................

EMAIL.............................................................................................

---

**NAME**..........................................................................................

ADDRESSE........................................................................................

.......................................................................................................

MOBIL .............................................................................................

ZUHAUSE#......................................................................................

ARBEIT #.........................................................................................

FAX..................................................................................................

EMAIL.............................................................................................

---

**NOTIZEN:**

**NAME**..................................................................................

ADDRESSE..............................................................................

.............................................................................................

MOBIL ...................................................................................

ZUHAUSE#..............................................................................

ARBEIT #................................................................................

FAX..........................................................................................

EMAIL......................................................................................

---

**NAME**..................................................................................

ADDRESSE..............................................................................

.............................................................................................

MOBIL ...................................................................................

ZUHAUSE#..............................................................................

ARBEIT #................................................................................

FAX..........................................................................................

EMAIL......................................................................................

---

**NAME**..................................................................................

ADDRESSE..............................................................................

.............................................................................................

MOBIL ...................................................................................

ZUHAUSE#..............................................................................

ARBEIT #................................................................................

FAX..........................................................................................

EMAIL......................................................................................

---

**NOTIZEN:**

3

**NAME**...........................................................................................

ADDRESSE..................................................................................

..............................................................................................

MOBIL ........................................................................................

ZUHAUSE#..................................................................................

ARBEIT #....................................................................................

FAX.............................................................................................

EMAIL........................................................................................

---

**NAME**..........................................................................................

ADDRESSE...................................................................................

..............................................................................................

MOBIL ........................................................................................

ZUHAUSE#..................................................................................

ARBEIT #....................................................................................

FAX.............................................................................................

EMAIL........................................................................................

---

**NAME**..........................................................................................

ADDRESSE...................................................................................

..............................................................................................

MOBIL ........................................................................................

ZUHAUSE#..................................................................................

ARBEIT #....................................................................................

FAX.............................................................................................

EMAIL........................................................................................

---

**NOTIZEN:**

**NAME**..................................................................................

ADDRESSE.............................................................................

.............................................................................................

MOBIL ..................................................................................

ZUHAUSE#...........................................................................

ARBEIT #..............................................................................

FAX.......................................................................................

EMAIL..................................................................................

---

**NAME**..................................................................................

ADDRESSE.............................................................................

.............................................................................................

MOBIL ..................................................................................

ZUHAUSE#...........................................................................

ARBEIT #..............................................................................

FAX.......................................................................................

EMAIL..................................................................................

---

**NAME**..................................................................................

ADDRESSE.............................................................................

.............................................................................................

MOBIL ..................................................................................

ZUHAUSE#...........................................................................

ARBEIT #..............................................................................

FAX.......................................................................................

EMAIL..................................................................................

---

**NOTIZEN:**

**NAME**........................................................................

ADDRESSE.................................................................

.................................................................................

MOBIL .....................................................................

ZUHAUSE#..............................................................

ARBEIT #.................................................................

FAX...........................................................................

EMAIL......................................................................

---

**NAME**........................................................................

ADDRESSE.................................................................

.................................................................................

MOBIL .....................................................................

ZUHAUSE#..............................................................

ARBEIT #.................................................................

FAX...........................................................................

EMAIL......................................................................

---

**NAME**........................................................................

ADDRESSE.................................................................

.................................................................................

MOBIL .....................................................................

ZUHAUSE#..............................................................

ARBEIT #.................................................................

FAX...........................................................................

EMAIL......................................................................

---

<u>**NOTIZEN:**</u>

**NAME**..................................................................................

ADDRESSE.........................................................................

.............................................................................................

MOBIL ..............................................................................

ZUHAUSE#.......................................................................

ARBEIT #..........................................................................

FAX.....................................................................................

EMAIL................................................................................

---

**NAME**..................................................................................

ADDRESSE.........................................................................

.............................................................................................

MOBIL ..............................................................................

ZUHAUSE#.......................................................................

ARBEIT #..........................................................................

FAX.....................................................................................

EMAIL................................................................................

---

**NAME**..................................................................................

ADDRESSE.........................................................................

.............................................................................................

MOBIL ..............................................................................

ZUHAUSE#.......................................................................

ARBEIT #..........................................................................

FAX.....................................................................................

EMAIL................................................................................

---

<u>**NOTIZEN:**</u>

7

**NAME**......................................................................................
ADDRESSE.................................................................................
..............................................................................................
MOBIL ......................................................................................
ZUHAUSE#................................................................................
ARBEIT #..................................................................................
FAX...........................................................................................
EMAIL.......................................................................................

---

**NAME**......................................................................................
ADDRESSE.................................................................................
..............................................................................................
MOBIL ......................................................................................
ZUHAUSE#................................................................................
ARBEIT #..................................................................................
FAX...........................................................................................
EMAIL.......................................................................................

---

**NAME**......................................................................................
ADDRESSE.................................................................................
..............................................................................................
MOBIL ......................................................................................
ZUHAUSE#................................................................................
ARBEIT #..................................................................................
FAX...........................................................................................
EMAIL.......................................................................................

---

**NOTIZEN:**

NAME...................................................................................................
ADDRESSE..........................................................................................
.............................................................................................................
MOBIL ..................................................................................................
ZUHAUSE#.........................................................................................
ARBEIT #............................................................................................
FAX.......................................................................................................
EMAIL..................................................................................................

NAME...................................................................................................
ADDRESSE..........................................................................................
.............................................................................................................
MOBIL ..................................................................................................
ZUHAUSE#.........................................................................................
ARBEIT #............................................................................................
FAX.......................................................................................................
EMAIL..................................................................................................

NAME...................................................................................................
ADDRESSE..........................................................................................
.............................................................................................................
MOBIL ..................................................................................................
ZUHAUSE#.........................................................................................
ARBEIT #............................................................................................
FAX.......................................................................................................
EMAIL..................................................................................................

NOTIZEN:

NAME...............................................................................
ADDRESSE.....................................................................
................................................................................................
MOBIL ......................................................................
ZUHAUSE#................................................................
ARBEIT #.................................................................
FAX...........................................................................
EMAIL......................................................................

---

NAME...............................................................................
ADDRESSE.....................................................................
................................................................................................
MOBIL ......................................................................
ZUHAUSE#................................................................
ARBEIT #.................................................................
FAX...........................................................................
EMAIL......................................................................

---

NAME...............................................................................
ADDRESSE.....................................................................
................................................................................................
MOBIL ......................................................................
ZUHAUSE#................................................................
ARBEIT #.................................................................
FAX...........................................................................
EMAIL......................................................................

---

**NOTIZEN:**

**NAME**..................................................................................
ADDRESSE...............................................................
.........................................................................................
MOBIL .....................................................................
ZUHAUSE#..............................................................
ARBEIT #.................................................................
FAX............................................................................
EMAIL......................................................................

---

**NAME**..................................................................................
ADDRESSE...............................................................
.........................................................................................
MOBIL .....................................................................
ZUHAUSE#..............................................................
ARBEIT #.................................................................
FAX............................................................................
EMAIL......................................................................

---

**NAME**..................................................................................
ADDRESSE...............................................................
.........................................................................................
MOBIL .....................................................................
ZUHAUSE#..............................................................
ARBEIT #.................................................................
FAX............................................................................
EMAIL......................................................................

---

**NOTIZEN:**

**NAME**.......................................................................................

ADDRESSE....................................................................................

...................................................................................................

MOBIL ........................................................................................

ZUHAUSE#..................................................................................

ARBEIT #....................................................................................

FAX.............................................................................................

EMAIL.........................................................................................

---

**NAME**.......................................................................................

ADDRESSE....................................................................................

...................................................................................................

MOBIL ........................................................................................

ZUHAUSE#..................................................................................

ARBEIT #....................................................................................

FAX.............................................................................................

EMAIL.........................................................................................

---

**NAME**.......................................................................................

ADDRESSE....................................................................................

...................................................................................................

MOBIL ........................................................................................

ZUHAUSE#..................................................................................

ARBEIT #....................................................................................

FAX.............................................................................................

EMAIL.........................................................................................

---

**NOTIZEN:**

NAME......................................................................
ADDRESSE...............................................................
................................................................................
MOBIL .....................................................................
ZUHAUSE#..............................................................
ARBEIT #.................................................................
FAX...........................................................................
EMAIL.......................................................................

NAME......................................................................
ADDRESSE...............................................................
................................................................................
MOBIL .....................................................................
ZUHAUSE#..............................................................
ARBEIT #.................................................................
FAX...........................................................................
EMAIL.......................................................................

NAME......................................................................
ADDRESSE...............................................................
................................................................................
MOBIL .....................................................................
ZUHAUSE#..............................................................
ARBEIT #.................................................................
FAX...........................................................................
EMAIL.......................................................................

NOTIZEN:

**NAME**..............................................................................

ADDRESSE.....................................................................

.............................................................................................

MOBIL .............................................................................

ZUHAUSE#....................................................................

ARBEIT #.......................................................................

FAX.................................................................................

EMAIL.............................................................................

---

**NAME**..............................................................................

ADDRESSE.....................................................................

.............................................................................................

MOBIL .............................................................................

ZUHAUSE#....................................................................

ARBEIT #.......................................................................

FAX.................................................................................

EMAIL.............................................................................

---

**NAME**..............................................................................

ADDRESSE.....................................................................

.............................................................................................

MOBIL .............................................................................

ZUHAUSE#....................................................................

ARBEIT #.......................................................................

FAX.................................................................................

EMAIL.............................................................................

---

**NOTIZEN:**

**NAME**...........................................................................

ADDRESSE.....................................................................

................................................................................

MOBIL ........................................................................

ZUHAUSE#....................................................................

ARBEIT #.....................................................................

FAX...............................................................................

EMAIL............................................................................

---

**NAME**...........................................................................

ADDRESSE.....................................................................

................................................................................

MOBIL ........................................................................

ZUHAUSE#....................................................................

ARBEIT #.....................................................................

FAX...............................................................................

EMAIL............................................................................

---

**NAME**...........................................................................

ADDRESSE.....................................................................

................................................................................

MOBIL ........................................................................

ZUHAUSE#....................................................................

ARBEIT #.....................................................................

FAX...............................................................................

EMAIL............................................................................

---

**NOTIZEN:**

NAME...............................................................
ADDRESSE............................................................
.....................................................................
MOBIL ...............................................................
ZUHAUSE#............................................................
ARBEIT #.............................................................
FAX..................................................................
EMAIL................................................................

NAME...............................................................
ADDRESSE............................................................
.....................................................................
MOBIL ...............................................................
ZUHAUSE#............................................................
ARBEIT #.............................................................
FAX..................................................................
EMAIL................................................................

NAME...............................................................
ADDRESSE............................................................
.....................................................................
MOBIL ...............................................................
ZUHAUSE#............................................................
ARBEIT #.............................................................
FAX..................................................................
EMAIL................................................................

NOTIZEN:

**NAME**...........................................................................

ADDRESSE...........................................................................

.............................................................................................

MOBIL ...............................................................................

ZUHAUSE#.........................................................................

ARBEIT #............................................................................

FAX....................................................................................

EMAIL................................................................................

---

**NAME**...........................................................................

ADDRESSE...........................................................................

.............................................................................................

MOBIL ...............................................................................

ZUHAUSE#.........................................................................

ARBEIT #............................................................................

FAX....................................................................................

EMAIL................................................................................

---

**NAME**...........................................................................

ADDRESSE...........................................................................

.............................................................................................

MOBIL ...............................................................................

ZUHAUSE#.........................................................................

ARBEIT #............................................................................

FAX....................................................................................

EMAIL................................................................................

---

**NOTIZEN:**

**NAME**..............................................................................................

ADDRESSE...........................................................................................

.............................................................................................................

MOBIL ...............................................................................................

ZUHAUSE#........................................................................................

ARBEIT #............................................................................................

FAX......................................................................................................

EMAIL.................................................................................................

---

**NAME**..............................................................................................

ADDRESSE...........................................................................................

.............................................................................................................

MOBIL ...............................................................................................

ZUHAUSE#........................................................................................

ARBEIT #............................................................................................

FAX......................................................................................................

EMAIL.................................................................................................

---

**NAME**..............................................................................................

ADDRESSE...........................................................................................

.............................................................................................................

MOBIL ...............................................................................................

ZUHAUSE#........................................................................................

ARBEIT #............................................................................................

FAX......................................................................................................

EMAIL.................................................................................................

---

**NOTIZEN:**

NAME..................................................................................
ADDRESSE............................................................................
...........................................................................................
MOBIL.................................................................................
ZUHAUSE#..........................................................................
ARBEIT #............................................................................
FAX....................................................................................
EMAIL................................................................................

NAME..................................................................................
ADDRESSE............................................................................
...........................................................................................
MOBIL.................................................................................
ZUHAUSE#..........................................................................
ARBEIT #............................................................................
FAX....................................................................................
EMAIL................................................................................

NAME..................................................................................
ADDRESSE............................................................................
...........................................................................................
MOBIL.................................................................................
ZUHAUSE#..........................................................................
ARBEIT #............................................................................
FAX....................................................................................
EMAIL................................................................................

<u>NOTIZEN:</u>

**NAME**........................................................................................

ADDRESSE....................................................................................

.............................................................................................

MOBIL .........................................................................................

ZUHAUSE#..................................................................................

ARBEIT #.....................................................................................

FAX..............................................................................................

EMAIL..........................................................................................

---

**NAME**........................................................................................

ADDRESSE....................................................................................

.............................................................................................

MOBIL .........................................................................................

ZUHAUSE#..................................................................................

ARBEIT #.....................................................................................

FAX..............................................................................................

EMAIL..........................................................................................

---

**NAME**........................................................................................

ADDRESSE....................................................................................

.............................................................................................

MOBIL .........................................................................................

ZUHAUSE#..................................................................................

ARBEIT #.....................................................................................

FAX..............................................................................................

EMAIL..........................................................................................

---

<u>**NOTIZEN:**</u>

**NAME**..........................................................

ADDRESSE.......................................................

.................................................................

MOBIL ..........................................................

ZUHAUSE#.....................................................

ARBEIT #......................................................

FAX...........................................................

EMAIL........................................................

**NAME**..........................................................

ADDRESSE.......................................................

.................................................................

MOBIL ..........................................................

ZUHAUSE#.....................................................

ARBEIT #......................................................

FAX...........................................................

EMAIL........................................................

**NAME**..........................................................

ADDRESSE.......................................................

.................................................................

MOBIL ..........................................................

ZUHAUSE#.....................................................

ARBEIT #......................................................

FAX...........................................................

EMAIL........................................................

**NOTIZEN:**

NAME....................................................................
ADDRESSE..............................................................
.....................................................................
MOBIL ................................................................
ZUHAUSE#...........................................................
ARBEIT #.............................................................
FAX.....................................................................
EMAIL..................................................................

NAME....................................................................
ADDRESSE..............................................................
.....................................................................
MOBIL ................................................................
ZUHAUSE#...........................................................
ARBEIT #.............................................................
FAX.....................................................................
EMAIL..................................................................

NAME....................................................................
ADDRESSE..............................................................
.....................................................................
MOBIL ................................................................
ZUHAUSE#...........................................................
ARBEIT #.............................................................
FAX.....................................................................
EMAIL..................................................................

NOTIZEN:

**NAME**................................................................................

ADDRESSE.........................................................................

.........................................................................................

MOBIL .............................................................................

ZUHAUSE#.......................................................................

ARBEIT #.........................................................................

FAX....................................................................................

EMAIL...............................................................................

---

**NAME**................................................................................

ADDRESSE.........................................................................

.........................................................................................

MOBIL .............................................................................

ZUHAUSE#.......................................................................

ARBEIT #.........................................................................

FAX....................................................................................

EMAIL...............................................................................

---

**NAME**................................................................................

ADDRESSE.........................................................................

.........................................................................................

MOBIL .............................................................................

ZUHAUSE#.......................................................................

ARBEIT #.........................................................................

FAX....................................................................................

EMAIL...............................................................................

---

**NOTIZEN:**

NAME....................................................................................................................
ADDRESSE............................................................................................................
..............................................................................................................................
MOBIL ..................................................................................................................
ZUHAUSE#...........................................................................................................
ARBEIT #...............................................................................................................
FAX........................................................................................................................
EMAIL...................................................................................................................

---

NAME....................................................................................................................
ADDRESSE............................................................................................................
..............................................................................................................................
MOBIL ..................................................................................................................
ZUHAUSE#...........................................................................................................
ARBEIT #...............................................................................................................
FAX........................................................................................................................
EMAIL...................................................................................................................

---

NAME....................................................................................................................
ADDRESSE............................................................................................................
..............................................................................................................................
MOBIL ..................................................................................................................
ZUHAUSE#...........................................................................................................
ARBEIT #...............................................................................................................
FAX........................................................................................................................
EMAIL...................................................................................................................

---

**NOTIZEN:**

**NAME**...................................................................................

ADDRESSE...............................................................................

....................................................................................................

MOBIL .....................................................................................

ZUHAUSE#..............................................................................

ARBEIT #.................................................................................

FAX..........................................................................................

EMAIL......................................................................................

---

**NAME**...................................................................................

ADDRESSE...............................................................................

....................................................................................................

MOBIL .....................................................................................

ZUHAUSE#..............................................................................

ARBEIT #.................................................................................

FAX..........................................................................................

EMAIL......................................................................................

---

**NAME**...................................................................................

ADDRESSE...............................................................................

....................................................................................................

MOBIL .....................................................................................

ZUHAUSE#..............................................................................

ARBEIT #.................................................................................

FAX..........................................................................................

EMAIL......................................................................................

---

**NOTIZEN:**

**NAME**.................................................................

ADDRESSE.................................................................

.................................................................

MOBIL .................................................................

ZUHAUSE#.................................................................

ARBEIT #.................................................................

FAX.................................................................

EMAIL.................................................................

---

**NAME**.................................................................

ADDRESSE.................................................................

.................................................................

MOBIL .................................................................

ZUHAUSE#.................................................................

ARBEIT #.................................................................

FAX.................................................................

EMAIL.................................................................

---

**NAME**.................................................................

ADDRESSE.................................................................

.................................................................

MOBIL .................................................................

ZUHAUSE#.................................................................

ARBEIT #.................................................................

FAX.................................................................

EMAIL.................................................................

---

**NOTIZEN:**

NAME.................................................................................................
ADDRESSE..........................................................................................
.............................................................................................................
MOBIL ..............................................................................................
ZUHAUSE#........................................................................................
ARBEIT #...........................................................................................
FAX....................................................................................................
EMAIL...............................................................................................

NAME.................................................................................................
ADDRESSE..........................................................................................
.............................................................................................................
MOBIL ..............................................................................................
ZUHAUSE#........................................................................................
ARBEIT #...........................................................................................
FAX....................................................................................................
EMAIL...............................................................................................

NAME.................................................................................................
ADDRESSE..........................................................................................
.............................................................................................................
MOBIL ..............................................................................................
ZUHAUSE#........................................................................................
ARBEIT #...........................................................................................
FAX....................................................................................................
EMAIL...............................................................................................

NOTIZEN:

**NAME**..........................................................................................

ADDRESSE...............................................................................

...........................................................................................................

MOBIL .....................................................................................

ZUHAUSE#..............................................................................

ARBEIT #................................................................................

FAX............................................................................................

EMAIL.....................................................................................

---

**NAME**..........................................................................................

ADDRESSE...............................................................................

...........................................................................................................

MOBIL .....................................................................................

ZUHAUSE#..............................................................................

ARBEIT #................................................................................

FAX............................................................................................

EMAIL.....................................................................................

---

**NAME**..........................................................................................

ADDRESSE...............................................................................

...........................................................................................................

MOBIL .....................................................................................

ZUHAUSE#..............................................................................

ARBEIT #................................................................................

FAX............................................................................................

EMAIL.....................................................................................

---

**NOTIZEN:**

**NAME**...........................................................................................

ADDRESSE.................................................................................

...........................................................................................

MOBIL ....................................................................................

ZUHAUSE#...............................................................................

ARBEIT #.................................................................................

FAX.........................................................................................

EMAIL......................................................................................

---

**NAME**...........................................................................................

ADDRESSE.................................................................................

...........................................................................................

MOBIL ....................................................................................

ZUHAUSE#...............................................................................

ARBEIT #.................................................................................

FAX.........................................................................................

EMAIL......................................................................................

---

**NAME**...........................................................................................

ADDRESSE.................................................................................

...........................................................................................

MOBIL ....................................................................................

ZUHAUSE#...............................................................................

ARBEIT #.................................................................................

FAX.........................................................................................

EMAIL......................................................................................

---

**NOTIZEN:**

---

**NAME**............................................................................
ADDRESSE..........................................................................
......................................................................................
MOBIL ...............................................................................
ZUHAUSE#........................................................................
ARBEIT #...........................................................................
FAX...................................................................................
EMAIL...............................................................................

---

**NAME**............................................................................
ADDRESSE..........................................................................
......................................................................................
MOBIL ...............................................................................
ZUHAUSE#........................................................................
ARBEIT #...........................................................................
FAX...................................................................................
EMAIL...............................................................................

---

**NAME**............................................................................
ADDRESSE..........................................................................
......................................................................................
MOBIL ...............................................................................
ZUHAUSE#........................................................................
ARBEIT #...........................................................................
FAX...................................................................................
EMAIL...............................................................................

---

**NOTIZEN:**

**NAME**................................................................................................

ADDRESSE...........................................................................................

...........................................................................................................

MOBIL ................................................................................................

ZUHAUSE#..........................................................................................

ARBEIT #............................................................................................

FAX....................................................................................................

EMAIL................................................................................................

---

**NAME**................................................................................................

ADDRESSE...........................................................................................

...........................................................................................................

MOBIL ................................................................................................

ZUHAUSE#..........................................................................................

ARBEIT #............................................................................................

FAX....................................................................................................

EMAIL................................................................................................

---

**NAME**................................................................................................

ADDRESSE...........................................................................................

...........................................................................................................

MOBIL ................................................................................................

ZUHAUSE#..........................................................................................

ARBEIT #............................................................................................

FAX....................................................................................................

EMAIL................................................................................................

---

**NOTIZEN:**

**NAME**..................................................................................

ADDRESSE.........................................................................

......................................................................................

MOBIL ..............................................................................

ZUHAUSE#......................................................................

ARBEIT #........................................................................

FAX..................................................................................

EMAIL..............................................................................

---

**NAME**..................................................................................

ADDRESSE.........................................................................

......................................................................................

MOBIL ..............................................................................

ZUHAUSE#......................................................................

ARBEIT #........................................................................

FAX..................................................................................

EMAIL..............................................................................

---

**NAME**..................................................................................

ADDRESSE.........................................................................

......................................................................................

MOBIL ..............................................................................

ZUHAUSE#......................................................................

ARBEIT #........................................................................

FAX..................................................................................

EMAIL..............................................................................

---

**NOTIZEN:**

**NAME**.............................................................................

ADDRESSE...................................................................

...........................................................................................

MOBIL ......................................................................

ZUHAUSE#...............................................................

ARBEIT #..................................................................

FAX...........................................................................

EMAIL.......................................................................

---

**NAME**.............................................................................

ADDRESSE...................................................................

...........................................................................................

MOBIL ......................................................................

ZUHAUSE#...............................................................

ARBEIT #..................................................................

FAX...........................................................................

EMAIL.......................................................................

---

**NAME**.............................................................................

ADDRESSE...................................................................

...........................................................................................

MOBIL ......................................................................

ZUHAUSE#...............................................................

ARBEIT #..................................................................

FAX...........................................................................

EMAIL.......................................................................

---

**NOTIZEN:**

**NAME**..................................................................................................

ADDRESSE.............................................................................................

.............................................................................................................

MOBIL ..................................................................................................

ZUHAUSE#............................................................................................

ARBEIT #.............................................................................................

FAX........................................................................................................

EMAIL...................................................................................................

---

**NAME**..................................................................................................

ADDRESSE.............................................................................................

.............................................................................................................

MOBIL ..................................................................................................

ZUHAUSE#............................................................................................

ARBEIT #.............................................................................................

FAX........................................................................................................

EMAIL...................................................................................................

---

**NAME**..................................................................................................

ADDRESSE.............................................................................................

.............................................................................................................

MOBIL ..................................................................................................

ZUHAUSE#............................................................................................

ARBEIT #.............................................................................................

FAX........................................................................................................

EMAIL...................................................................................................

---

**NOTIZEN:**

**NAME**................................................................................

ADDRESSE..........................................................................

.........................................................................................

MOBIL ...............................................................................

ZUHAUSE#.........................................................................

ARBEIT #............................................................................

FAX......................................................................................

EMAIL................................................................................

---

**NAME**................................................................................

ADDRESSE..........................................................................

.........................................................................................

MOBIL ...............................................................................

ZUHAUSE#.........................................................................

ARBEIT #............................................................................

FAX......................................................................................

EMAIL................................................................................

---

**NAME**................................................................................

ADDRESSE..........................................................................

.........................................................................................

MOBIL ...............................................................................

ZUHAUSE#.........................................................................

ARBEIT #............................................................................

FAX......................................................................................

EMAIL................................................................................

---

**NOTIZEN:**

**NAME**...........................................................................
ADDRESSE.....................................................................
.......................................................................................
MOBIL ...........................................................................
ZUHAUSE#....................................................................
ARBEIT #.......................................................................
FAX................................................................................
EMAIL............................................................................

---

**NAME**...........................................................................
ADDRESSE.....................................................................
.......................................................................................
MOBIL ...........................................................................
ZUHAUSE#....................................................................
ARBEIT #.......................................................................
FAX................................................................................
EMAIL............................................................................

---

**NAME**...........................................................................
ADDRESSE.....................................................................
.......................................................................................
MOBIL ...........................................................................
ZUHAUSE#....................................................................
ARBEIT #.......................................................................
FAX................................................................................
EMAIL............................................................................

---

**NOTIZEN:**

**NAME**...............................................................................

ADDRESSE.............................................................................

.............................................................................................

MOBIL ..................................................................................

ZUHAUSE#............................................................................

ARBEIT #..............................................................................

FAX.......................................................................................

EMAIL...................................................................................

---

**NAME**...............................................................................

ADDRESSE.............................................................................

.............................................................................................

MOBIL ..................................................................................

ZUHAUSE#............................................................................

ARBEIT #..............................................................................

FAX.......................................................................................

EMAIL...................................................................................

---

**NAME**...............................................................................

ADDRESSE.............................................................................

.............................................................................................

MOBIL ..................................................................................

ZUHAUSE#............................................................................

ARBEIT #..............................................................................

FAX.......................................................................................

EMAIL...................................................................................

---

**NOTIZEN:**

**NAME**..................................................................................
ADDRESSE.............................................................................
.............................................................................................
MOBIL ..................................................................................
ZUHAUSE#...........................................................................
ARBEIT #..............................................................................
FAX.......................................................................................
EMAIL...................................................................................

---

**NAME**..................................................................................
ADDRESSE.............................................................................
.............................................................................................
MOBIL ..................................................................................
ZUHAUSE#...........................................................................
ARBEIT #..............................................................................
FAX.......................................................................................
EMAIL...................................................................................

---

**NAME**..................................................................................
ADDRESSE.............................................................................
.............................................................................................
MOBIL ..................................................................................
ZUHAUSE#...........................................................................
ARBEIT #..............................................................................
FAX.......................................................................................
EMAIL...................................................................................

---

**NOTIZEN:**

NAME.................................................................................
ADDRESSE..........................................................................
............................................................................................
MOBIL ..............................................................................
ZUHAUSE#.........................................................................
ARBEIT #...........................................................................
FAX...................................................................................
EMAIL...............................................................................

NAME.................................................................................
ADDRESSE..........................................................................
............................................................................................
MOBIL ..............................................................................
ZUHAUSE#.........................................................................
ARBEIT #...........................................................................
FAX...................................................................................
EMAIL...............................................................................

NAME.................................................................................
ADDRESSE..........................................................................
............................................................................................
MOBIL ..............................................................................
ZUHAUSE#.........................................................................
ARBEIT #...........................................................................
FAX...................................................................................
EMAIL...............................................................................

**NOTIZEN:**

NAME.................................................................................
ADDRESSE.......................................................................
...........................................................................................
MOBIL ............................................................................
ZUHAUSE#....................................................................
ARBEIT #.......................................................................
FAX...................................................................................
EMAIL.............................................................................

---

NAME.................................................................................
ADDRESSE.......................................................................
...........................................................................................
MOBIL ............................................................................
ZUHAUSE#....................................................................
ARBEIT #.......................................................................
FAX...................................................................................
EMAIL.............................................................................

---

NAME.................................................................................
ADDRESSE.......................................................................
...........................................................................................
MOBIL ............................................................................
ZUHAUSE#....................................................................
ARBEIT #.......................................................................
FAX...................................................................................
EMAIL.............................................................................

---

**NOTIZEN:**

NAME..................................................................
NAME..................................................................
ADDRESSE..............................................................
......................................................................
MOBIL ................................................................
ZUHAUSE#..............................................................
ARBEIT #..............................................................
FAX...................................................................
EMAIL.................................................................

NAME..................................................................
ADDRESSE..............................................................
......................................................................
MOBIL ................................................................
ZUHAUSE#..............................................................
ARBEIT #..............................................................
FAX...................................................................
EMAIL.................................................................

NAME..................................................................
ADDRESSE..............................................................
......................................................................
MOBIL ................................................................
ZUHAUSE#..............................................................
ARBEIT #..............................................................
FAX...................................................................
EMAIL.................................................................

NOTIZEN:

41

**NAME**.............................................................................................
ADDRESSE.......................................................................................
.........................................................................................................
MOBIL .............................................................................................
ZUHAUSE#......................................................................................
ARBEIT #........................................................................................
FAX..................................................................................................
EMAIL.............................................................................................

---

**NAME**.............................................................................................
ADDRESSE.......................................................................................
.........................................................................................................
MOBIL .............................................................................................
ZUHAUSE#......................................................................................
ARBEIT #........................................................................................
FAX..................................................................................................
EMAIL.............................................................................................

---

**NAME**.............................................................................................
ADDRESSE.......................................................................................
.........................................................................................................
MOBIL .............................................................................................
ZUHAUSE#......................................................................................
ARBEIT #........................................................................................
FAX..................................................................................................
EMAIL.............................................................................................

---

**NOTIZEN:**

**NAME**...................................................................................................

ADDRESSE..............................................................................................

....................................................................................................................

MOBIL ...................................................................................................

ZUHAUSE#.............................................................................................

ARBEIT #...............................................................................................

FAX.........................................................................................................

EMAIL.....................................................................................................

---

**NAME**...................................................................................................

ADDRESSE..............................................................................................

....................................................................................................................

MOBIL ...................................................................................................

ZUHAUSE#.............................................................................................

ARBEIT #...............................................................................................

FAX.........................................................................................................

EMAIL.....................................................................................................

---

**NAME**...................................................................................................

ADDRESSE..............................................................................................

....................................................................................................................

MOBIL ...................................................................................................

ZUHAUSE#.............................................................................................

ARBEIT #...............................................................................................

FAX.........................................................................................................

EMAIL.....................................................................................................

---

**NOTIZEN:**

NAME.................................................................................

ADDRESSE..........................................................................

.............................................................................................

MOBIL ...............................................................................

ZUHAUSE#.........................................................................

ARBEIT #...........................................................................

FAX...................................................................................

EMAIL...............................................................................

---

NAME.................................................................................

ADDRESSE..........................................................................

.............................................................................................

MOBIL ...............................................................................

ZUHAUSE#.........................................................................

ARBEIT #...........................................................................

FAX...................................................................................

EMAIL...............................................................................

---

NAME.................................................................................

ADDRESSE..........................................................................

MOBIL ...............................................................................

ZUHAUSE#.........................................................................

ARBEIT #...........................................................................

FAX...................................................................................

EMAIL...............................................................................

---

**NOTIZEN:**

NAME.................................................................................................

ADDRESSE...........................................................................................

.............................................................................................................

MOBIL ................................................................................................

ZUHAUSE#.........................................................................................

ARBEIT #............................................................................................

FAX.....................................................................................................

EMAIL.................................................................................................

NAME.................................................................................................

ADDRESSE...........................................................................................

.............................................................................................................

MOBIL ................................................................................................

ZUHAUSE#.........................................................................................

ARBEIT #............................................................................................

FAX.....................................................................................................

EMAIL.................................................................................................

NAME.................................................................................................

ADDRESSE...........................................................................................

.............................................................................................................

MOBIL ................................................................................................

ZUHAUSE#.........................................................................................

ARBEIT #............................................................................................

FAX.....................................................................................................

EMAIL.................................................................................................

**NOTIZEN:**

NAME..................................................................................................

ADDRESSE..........................................................................................

.............................................................................................................

MOBIL ................................................................................................

ZUHAUSE#.........................................................................................

ARBEIT #............................................................................................

FAX......................................................................................................

EMAIL.................................................................................................

---

NAME..................................................................................................

ADDRESSE..........................................................................................

.............................................................................................................

MOBIL ................................................................................................

ZUHAUSE#.........................................................................................

ARBEIT #............................................................................................

FAX......................................................................................................

EMAIL.................................................................................................

---

NAME..................................................................................................

ADDRESSE..........................................................................................

.............................................................................................................

MOBIL ................................................................................................

ZUHAUSE#.........................................................................................

ARBEIT #............................................................................................

FAX......................................................................................................

EMAIL.................................................................................................

---

NOTIZEN:

**NAME**.........................................................................................
ADDRESSE...................................................................................
.........................................................................................................
MOBIL .........................................................................................
ZUHAUSE#................................................................................
ARBEIT #....................................................................................
FAX...............................................................................................
EMAIL..........................................................................................

---

**NAME**.........................................................................................
ADDRESSE...................................................................................
.........................................................................................................
MOBIL .........................................................................................
ZUHAUSE#................................................................................
ARBEIT #....................................................................................
FAX...............................................................................................
EMAIL..........................................................................................

---

**NAME**.........................................................................................
ADDRESSE...................................................................................
.........................................................................................................
MOBIL .........................................................................................
ZUHAUSE#................................................................................
ARBEIT #....................................................................................
FAX...............................................................................................
EMAIL..........................................................................................

---

**NOTIZEN:**

**NAME**.............................................................................
ADDRESSE....................................................................
.......................................................................................
MOBIL ........................................................................
ZUHAUSE#.................................................................
ARBEIT #.....................................................................
FAX.............................................................................
EMAIL........................................................................

---

**NAME**.............................................................................
ADDRESSE....................................................................
.......................................................................................
MOBIL ........................................................................
ZUHAUSE#.................................................................
ARBEIT #.....................................................................
FAX.............................................................................
EMAIL........................................................................

---

**NAME**.............................................................................
ADDRESSE....................................................................
.......................................................................................
MOBIL ........................................................................
ZUHAUSE#.................................................................
ARBEIT #.....................................................................
FAX.............................................................................
EMAIL........................................................................

---

**NOTIZEN:**

**NAME**...........................................................................

ADDRESSE..................................................................

.........................................................................................

MOBIL ......................................................................

ZUHAUSE#..............................................................

ARBEIT #..................................................................

FAX.............................................................................

EMAIL.......................................................................

---

**NAME**...........................................................................

ADDRESSE..................................................................

.........................................................................................

MOBIL ......................................................................

ZUHAUSE#..............................................................

ARBEIT #..................................................................

FAX.............................................................................

EMAIL.......................................................................

---

**NAME**...........................................................................

ADDRESSE..................................................................

.........................................................................................

MOBIL ......................................................................

ZUHAUSE#..............................................................

ARBEIT #..................................................................

FAX.............................................................................

EMAIL.......................................................................

---

**NOTIZEN:**

NAME..........................................................................................
ADDRESSE...............................................................................
.....................................................................................................
MOBIL ......................................................................................
ZUHAUSE#..............................................................................
ARBEIT #.................................................................................
FAX...........................................................................................
EMAIL.......................................................................................

NAME..........................................................................................
ADDRESSE...............................................................................
.....................................................................................................
MOBIL ......................................................................................
ZUHAUSE#..............................................................................
ARBEIT #.................................................................................
FAX...........................................................................................
EMAIL.......................................................................................

NAME..........................................................................................
ADDRESSE...............................................................................
.....................................................................................................
MOBIL ......................................................................................
ZUHAUSE#..............................................................................
ARBEIT #.................................................................................
FAX...........................................................................................
EMAIL.......................................................................................

**NOTIZEN:**

**NAME**..................................................................................

ADDRESSE.............................................................................

...............................................................................................

MOBIL ...................................................................................

ZUHAUSE#............................................................................

ARBEIT #...............................................................................

FAX........................................................................................

EMAIL...................................................................................

---

**NAME**..................................................................................

ADDRESSE.............................................................................

...............................................................................................

MOBIL ...................................................................................

ZUHAUSE#............................................................................

ARBEIT #...............................................................................

FAX........................................................................................

EMAIL...................................................................................

---

**NAME**..................................................................................

ADDRESSE.............................................................................

...............................................................................................

MOBIL ...................................................................................

ZUHAUSE#............................................................................

ARBEIT #...............................................................................

FAX........................................................................................

EMAIL...................................................................................

---

**NOTIZEN:**

NAME............................................................................
ADDRESSE........................................................................
.............................................................................
MOBIL .........................................................................
ZUHAUSE#.......................................................................
ARBEIT #.......................................................................
FAX............................................................................
EMAIL..........................................................................

NAME............................................................................
ADDRESSE........................................................................
.............................................................................
MOBIL .........................................................................
ZUHAUSE#.......................................................................
ARBEIT #.......................................................................
FAX............................................................................
EMAIL..........................................................................

NAME............................................................................
ADDRESSE........................................................................
.............................................................................
MOBIL .........................................................................
ZUHAUSE#.......................................................................
ARBEIT #.......................................................................
FAX............................................................................
EMAIL..........................................................................

**NOTIZEN:**

NAME......................................................................................
ADDRESSE.............................................................................
...........................................................................................
MOBIL ...................................................................................
ZUHAUSE#...........................................................................
ARBEIT #...............................................................................
FAX.......................................................................................
EMAIL...................................................................................

NAME......................................................................................
ADDRESSE.............................................................................
...........................................................................................
MOBIL ...................................................................................
ZUHAUSE#...........................................................................
ARBEIT #...............................................................................
FAX.......................................................................................
EMAIL...................................................................................

NAME......................................................................................
ADDRESSE.............................................................................
...........................................................................................
MOBIL ...................................................................................
ZUHAUSE#...........................................................................
ARBEIT #...............................................................................
FAX.......................................................................................
EMAIL...................................................................................

NOTIZEN:

**NAME**...................................................................................
ADDRESSE...............................................................................
...............................................................................................
MOBIL ......................................................................................
ZUHAUSE#..............................................................................
ARBEIT #..................................................................................
FAX............................................................................................
EMAIL.......................................................................................

---

**NAME**...................................................................................
ADDRESSE...............................................................................
...............................................................................................
MOBIL ......................................................................................
ZUHAUSE#..............................................................................
ARBEIT #..................................................................................
FAX............................................................................................
EMAIL.......................................................................................

---

**NAME**...................................................................................
ADDRESSE...............................................................................
...............................................................................................
MOBIL ......................................................................................
ZUHAUSE#..............................................................................
ARBEIT #..................................................................................
FAX............................................................................................
EMAIL.......................................................................................

---

**NOTIZEN:**

**NAME**..............................................................................

ADDRESSE...........................................................................

........................................................................................

MOBIL ...............................................................................

ZUHAUSE#..........................................................................

ARBEIT #............................................................................

FAX....................................................................................

EMAIL................................................................................

---

**NAME**..............................................................................

ADDRESSE...........................................................................

........................................................................................

MOBIL ...............................................................................

ZUHAUSE#..........................................................................

ARBEIT #............................................................................

FAX....................................................................................

EMAIL................................................................................

---

**NAME**..............................................................................

ADDRESSE...........................................................................

........................................................................................

MOBIL ...............................................................................

ZUHAUSE#..........................................................................

ARBEIT #............................................................................

FAX....................................................................................

EMAIL................................................................................

---

**NOTIZEN:**

www.ingramcontent.com/pod-product-compliance
Lightning Source LLC
Chambersburg PA
CBHW060450240326
41598CB00088B/4411